Développé à l'initiative de la Gendarmerie nationale et parrainé par la Sécurité Routière, le Permis Piéton® est un dispositif pédagogique qui consiste à responsabiliser les élèves de CE2/CM1 afin qu'ils prennent en charge leur propre sécurité dans la rue. Le Permis Piéton® trouve sa place dans l'A.P.E.R (attestation de première éducation à la route). Il est mis en œuvre conjointement par les enseignants et les gendarmes.
Pour en savoir plus : www.permispieton.com

Alain et Julien Savino

ABC du permis piéton®

La sécurité des petits pas à pas

Illustrations de
Sophie Lebot

MILAN
jeunesse

À PIED, C'EST TOI QUI CONDUIS, MAIS :

Pour te **protéger** tu ne dois compter que sur toi-même.

DANS LA RUE, OUVRE GRAND TES YEUX ET TES OREILLES !

Tu dois être encore plus **prudent** que les autres usagers de la route. Pour se protéger, un piéton n'a que :

Ouvre grand tes **yeux** !
Ouvre grand tes **oreilles** !
Fais marcher ton **cerveau** !

Dans la rue... c'est toi le pilote de ta sécurité.

PETIT, MAIS VIGILANT !

Tu es plus petit qu'un adulte. Les **obstacles** te gênent pour voir. Ils t'empêchent aussi d'être vu. Et puis, tu es souvent tenté de jouer, de regarder en l'air, de marcher en rêvant. Tu n'es pas toujours **concentré**. Pour toutes ces raisons, tu dois être plus prudent que les grands.

Tu dois être encore plus prudent qu'un piéton adulte !

Tu es souvent tenté de courir, de jouer au ballon, de regarder derrière toi...

Tu es plus facilement caché par les obstacles : voitures, poubelles...

PIÉTONS : UNE GRANDE TRIBU...

Dans la rue, tu n'es pas le seul piéton. Il y en a de toutes sortes. Certains sont plus **rapides** que toi. D'autres sont plus **lents** ou plus **fragiles**.

TROTTOIR :
GARDER UNE BONNE CONDUITE

Dans la rue, tu marches sur le trottoir : c'est la **zone réservée aux piétons**. Mais attention, tu n'y es jamais complètement en sécurité. Il vaut mieux marcher au milieu ou du côté des maisons.

- Ne marche pas au bord du trottoir, c'est une zone à risques.
- En groupe, sur un trottoir étroit, vous marchez en file indienne.
- Sur le trottoir, on ne court pas, on ne joue pas au ballon.
- Si tu es obligé de courir, il faut redoubler d'attention.

- Si le trottoir est en travaux, tu as deux solutions : rejoindre le passage piétons le plus proche pour traverser et marcher sur le trottoir d'en face ou utiliser le passage provisoire.

- Attention aux voitures garées sur le trottoir : tu ne dois jamais t'arrêter devant ou derrière ces véhicules.

Sur le trottoir, tu n'es pas complètement en sécurité. Il y a aussi des règles à respecter.

CHACUN SA PLACE, LA RUE POUR TOUS !

Certaines zones sont utilisées à la fois par les véhicules et les piétons.

↖ *Le passage piétons :*
c'est, sur la chaussée, la zone partagée entre les véhicules et les piétons.

Souvent, les véhicules et les piétons doivent se partager la rue : c'est le moment de faire encore plus attention.

TRAVERSÉE À HAUTS RISQUES

Quand il n'y a pas de feux tricolores, les piétons doivent utiliser un **passage piétons pour traverser**. C'est l'endroit le plus sûr pour passer d'un côté à l'autre de la rue. Mais c'est aussi une **zone à risques**. Car certains véhicules roulent trop vite pour s'arrêter.

Attends qu'il n'y ait plus de véhicules ou qu'ils soient complètement arrêtés.

Ne cours jamais en traversant, tu risquerais de tomber.

Vérifie que tu n'es pas caché par une voiture à l'arrêt.

Avant de traverser, regarde attentivement à gauche, à droite, puis encore à gauche !

BONHOMME VERT : CHAMPION DE PIÈGES !

Pour traverser aux **feux tricolores**, tu dois toujours attendre que le bonhomme soit **vert**. Attention, il n'élimine pas le danger !

Tu regardes le bonhomme :

- **Le bonhomme est une machine,** il n'a pas de cerveau pour comprendre ce qui se passe : s'il y a un danger, il ne le voit pas.
- **Les véhicules d'urgence** (pompiers, gendarmerie, police…) ont le droit de passer lorsque le bonhomme est vert.
- **Dans un carrefour,** les véhicules qui tournent ont aussi le droit de passer lorsque le bonhomme est vert.

CHAUSSÉES PARTAGÉES : UN MAX DE RISQUES

Ce sont les zones où le trottoir et la chaussée sont mélangés. Par exemple, dans les **rues piétonnes**, il y a aussi des vélos, des motos, des camions de livraison...

Les rues piétonnes :

tu crois que cette rue est réservée aux piétons, mais plusieurs véhicules ont le droit d'y circuler.

Les parkings :

les automobilistes sont occupés à chercher une place. Ils ne font pas attention à toi.

Passager ou piéton : Qui es-tu ?

L'espace d'un instant, lorsque tu **ouvres la portière**, que tu montes ou descends de la voiture, on ne sait pas si tu es **passager ou piéton**. Quand tu prends le bus aussi. Ce sont des instants pièges.

Monter et descendre d'un véhicule.

Ouvrir la portière.

Descendre d'un bus : si tu dois traverser, attends sur le trottoir que le bus soit reparti, et qu'il soit assez loin pour que ta vue soit dégagée.

Bus ou voiture, tu montes et tu descends toujours du côté du trottoir.

SUPER-DANGERS

Attention ! La nuit, face au soleil ou sous la pluie, les piétons et les automobilistes voient moins bien. Lorsqu'il pleut très fort, les véhicules peuvent glisser. Dans ces conditions, les risques sont plus grands.

La nuit

Face au soleil

Sous la pluie

La nuit, la pluie et le soleil gênent tout le monde. Ce sont de mauvaises conditions pour circuler et marcher.

À LA CAMPAGNE

À la campagne, les routes sont particulièrement dangereuses pour les piétons, car il n'y a ni trottoirs ni passages piétons.

Il n'y a pas de trottoirs

Tu dois bien voir et être visible.

Tu marches à gauche : ça veut dire face à la circulation.

Pour ta sécurité, marche toujours sur le bas-côté.

Il n'y a pas de passages piétons

Tu ne traverses jamais près du sommet d'une côte.

Tu ne traverses jamais dans un virage.

Tu te places à un endroit où l'on te voit de loin.

RONDS, CARRÉS OU TRIANGULAIRES ?

Tu sais qu'il y a des panneaux pour les conducteurs ; il y en a aussi pour les piétons. Souvent, il faudra que tu lèves la tête pour les reconnaître.

une indication :
les panneaux carrés
à fond bleu

une obligation :
les panneaux ronds
à fond bleu

une interdiction :
les panneaux ronds
à bord rouge

un danger :
les panneaux triangulaires
à bord rouge

Les panneaux signalent les dangers et indiquent ce qu'il faut faire et ne pas faire.

T'EMMÊLE PAS LES PANNEAUX !

1 : endroit fréquenté par les enfants.
2 : chemin obligatoire pour piéton.
3 : passage pour piétons (panneau d'indication).
4 : passage pour piétons (panneau de danger).
5 : aire piétonne.
6 : fin de chemin obligatoire pour piétons.

JEU DE L'INTRUS

Il y a un intrus parmi tous ces piétons. Trouve-le.

23

Réponse :
le cyclomotoriste en scooter.

JEU D'IDENTIFICATION

Sur ces 8 images, 6 sont des comportements dangereux.
Lesquels ?

1

2

3

4

5

6

7

8

Réponses :
1. Marcher sur la bordure du trottoir.
3. Jouer au ballon dans la rue.
4. S'arrêter devant une porte de garage.
6. Traverser quand le bonhomme est rouge.
5. Discuter en traversant.
7. Courir sur le trottoir.

JEU D'ENTRAÎNEMENT

1. Tu traverses la rue sur un passage piétons sans feux :

A Tu attends que les voitures soient passées ou qu'elles s'arrêtent.

B Tu cours pour passer avant que les voitures n'arrivent.

C Tu te mets devant les voitures pour les forcer à s'arrêter.

2. Tu es en train de traverser quand le bonhomme rouge s'allume :

A Tu rejoins le trottoir le plus proche.

B Tu fais demi-tour.

C Tu t'arrêtes et tu ne bouges plus.

3. Tu vas traverser et le bonhomme vert s'allume, il te dit :

A Tu peux passer.

B C'est à ton tour de décider si tu peux passer.

C Salut !

4. Pour entrer dans une voiture, tu montes :

A Du côté de la chaussée.

B Du côté du trottoir.

C Par le coffre.

Réponses :
1A - 2A - 3B - 4B.

www.editionsmilan.com

Loi 49-956 du 16 juillet 1949 sur les publications destinées à la jeunesse.
Dépôt légal : 4e trimestre 2007
ISBN : 978-2-7459-2934-1
Imprimé en France par Pollina à Luçon (85) - N° L44777

Création graphique : Catherine Duguet